Titelbild / S.2:
Familie Hansmann
ca. 1920

Herstellung und Verlag:
BoD - Books on Demand, Norderstedt
ISBN 978-3-7322-5653-2

Von links nach rechts:

Lina, eigentlich Caroline Thiele geb. Hansmann

Anton

Elisabeth Hansmann, *geb Hillebrandt*

Franziska Breidenbach geb. Hansmann, Mutter von Lieschen

Josef, Erbe des Hofes

Mariechen. eigentlich Maria Kellerwirth geb. Hansmann

<u>**Wilhelm Hansmann**</u>

Franz, später der ‚Luchte' genannt

Anna *Lange geb. Hansmann*

Lebensbilder

Marianne

Mehring

geb. Hansmann

• 12.12.1930

aufgeschrieben von
Marianne Mehring
bearbeitet von
Dolf, Kathrin und Carola
Mehring

Vorwort

Mutters Vertellekes sind ein sehr privater Rückblick auf die Familie Hansmann und Co., deren Geschichte in Oesdorf, einem kleinem Dorf im nordöstlichen Zipfel des Sauerlandes, wurzelt.

Unsere Mutter Marianne Mehring, geb. Hansmann, hat ihre „Vertellekes" in den vergangenen Jahren in einer blauen DIN A 5 Ringbuchkladde aufgeschrieben und gesammelt.

Dolf und Kathrin haben im Jahr 2000 „Mutters Vertellekes" in den PC gebracht und - soweit sie konnten - mit noch erhaltenen Familienfotos ergänzt. So entstand eine lebendige Familiengeschichte – die ganz intim für den engen Familienkreis gedacht war.
Inzwischen wächst aber die nächste Generation heran und so haben wir uns entschlossen, die Vertellekes noch einmal zu überarbeiten. Einige Beschreibungen von Familienverbindungen führten für diese Generation zu weit, andere Fakten und Tatsachen mussten für die Kinder der heutigen Zeit erklärt werden.

Wir hoffen, dass Mutters Vertellekes viel vom
Leben einer längst vergangenen Zeit ausstrahlen,
vom Leben auf dem Dorf und in der Stadt;
von den Möglichkeiten der Lebensgestaltung, die
abhängig waren von der Stellung in der
Geschwisterreihe; vom Leben von einfachen Leuten
in der Zeit der Weimarer Republik, der Zeit der
Machtübernahme durch die Nazis, der Zeit des
2.Weltkriegs und von der Solidarität einer
Dorfgemeinschaft.

Doch nun lassen wir Mutter erzählen:

Hantünges

Oesdorf und Hantünges, das gehört ganz eng zusammen und hat in meinem Herzen einen Platz ganz oben.

Hantünges, das ist der Name des Haus, aus dem unsere Familie stammt. Die Namen der Häuser waren in Oesdorf geläufiger als die Familiennamen. Leider weiß keiner mehr, wie alt das Haus ist, es ist ein typisches Niederdeutsches Hallenhaus.

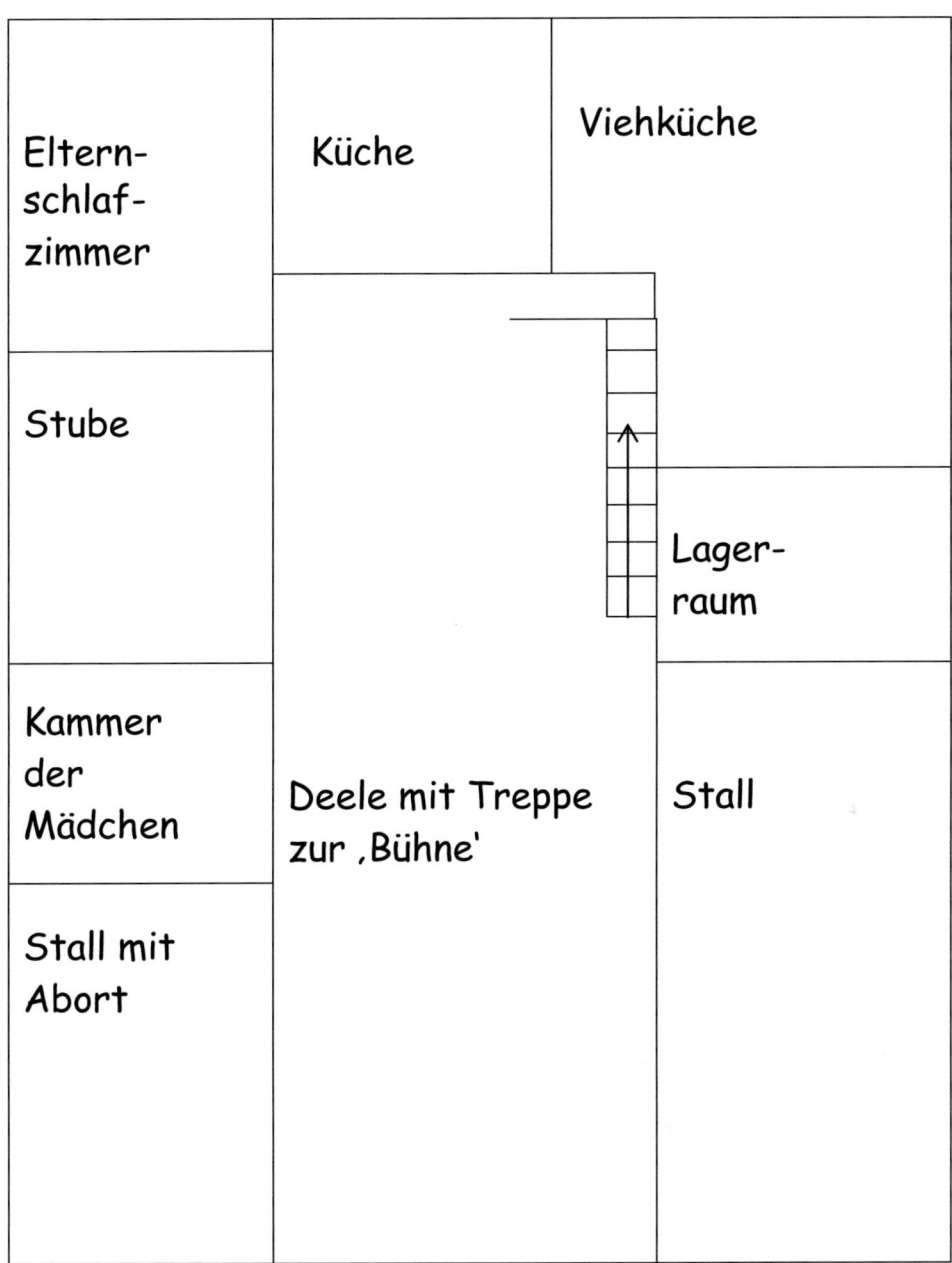

Grundriss des Hofes
(aus der Erinnerung – nicht maßstabsgetreu)

Es steht ziemlich am Anfang des Dorfes unterhalb der Kreisstraße. Heute ist das die Heitemeyerstraße, benannt nach einem früheren Pastor, der sich dafür eingesetzt hat, dass die Straße durchs Dorf führt und damit Anschluss an die ländliche Versorgung hatte.
Das Haus war auf alle Fälle eher da als die Straße. Hantünges, das könnte aus dem Vornamen „Han" (Johannes) und „Tün" (Anton) entstanden sein.

Der echte Familienname „Hansmann" soll von Marsberg ins Haus gekommen sein. So hieß wohl der Schreiner, der die schöne Holzwand in Hantünges Stube angebracht hatte: einen Kleiderschrank (Schaps), drei kleine „Schäpkes" untereinander und anschließend die Tür zur Kammer, geschlossen in einer Wand. Über der Tür befand sich noch ein Bord für Gesang- und Gebetbücher. Zum Nachreifen von Obst eignete es sich auch.
Der Kleiderschrank hatte zwei Türen und innendrin Holzhaken und große Knöpfe, um die Kleider aufzuhängen.
Unten im Schrank konnte auch so einiges aufbewahrt werden, so z.B. Tante Lieschens

Puppenwagen, ein Sportwagen aus schwarzem gedrechselten Holz mit kleinen Eisenrädern.
Nach langem Betteln wurde er herausgeholt und auch die Puppe mit Lederbalg, der leider der Haarschmuck fehlte.

In Hantünges Stube befand sich auch ein großer Sauerländer Ofen. Er war aus Gusseisen und hatte schön verzierte Platten. Eine Klappe (Doppeltürchen) konnte geöffnet werden. Sie war zum Aufwärmen und Warmhalten von Speisen und Kaffee. Der Ofen wurde von der Deele aus geheizt. Im Winter diente er gleichzeitig als Räucherofen. Oben unter dem Balken hingen Schinken, Speck und Würste.

Auch Nachbarn und Verwandte brachten ihr Schlachtgut nach Hantünges zum Räuchern.

So war Hantünges Deele auch ein echter „westfälischer Himmel". Holzbalken, Treppe und Brüstung zu den Bühnen wurden gleichzeitig mitgeräuchert. Das war weniger schön.

Hantünges Schweinestall, der hinter dem Hauptgebäude lag, soll mal früher eine Schmiede gewesen sein.

Die Familie meines Vaters

Die Urgroßeltern

Josef Hansmann und
Maria Theresia, geb. Meyer.

Die Uroma stammte aus Meerhof und war im Haushalt von Pastor Adami angestellt. Adami war vor der Säkularisierung Mönch im Kloster Dalheim. Von ihm hatte sie wertvolle Dinge geschenkt bekommen: Silberbesteck, ein riesengroßes Tischtuch aus Damastleinen mit großen Servietten usw. Später – so wurde erzählt - hätte er sie auch oft noch besucht. Dann hätte ein schönes Pferd vor Hantünges Haus gestanden.
Es wurde gemunkelt, Pastor Adami wäre der Vater von Maria Theresia ??????? Nur der Himmel weiß etwas Genaues......

Das Ehepaar hatte sieben Kinder:
Josef   (* ? + ?)
Johannes   (* vor 1850 + ?   Alter 46 Jahre)
Georg   (* ? + 1920)
Franziska   (* vor 1850 + 1913)
Maria   (+ ? + ?)

Katharina   (* vor 1852 + ?)
Wilhelm   **(mein Großvater)** (*17.12.1852
                    +28.2.1930)

Der älteste Sohn Josef hat studiert. Das war
sicherlich eine große Leistung für einen Hof, denn
Bargeld war immer rar. Die Eltern wünschten wohl,
dass er Priester würde. Josef hat aber umgesattelt
und ist Bauingenieur geworden. Später war er
Regierungsbaumeister. Er lebte in Guben,
Wittenberg und Berlin.
Er hatte zwei Söhne, **Teuto** und **Jürgen**
Jürgen wurde später sogar Regierungsbaurat.

Johannes ist schon mit 46 Jahren gestorben. Er
hat viel getrunken und war nicht verheiratet.

Georg und Franziska haben auch nicht geheiratet
und sind im Haus geblieben. Die Tante Franziska –
‚Pa' genannt - hatte einen Bräutigam aus Meerhof
und ist schon von der Kanzel verkündet worden.
Warum alles in die Brüche gegangen ist, weiß ich
nicht.
Georg hat alle Vierteljahre getrunken, er war ein
‚Quartalssäufer'.

Die Leute im Dorf kannten das schon und sagten dann: , Georg hat das Fest. '

Maria hat in ,Bökers' geheiratet.

Katharina hatte in ,Hüffers' geheiratet, eigentlich hießen sie ,von Rüden'. Sie hatte schon als junges Mädchen Rheuma und war zur Kur in Bad Meinberg. Das muss bestimmt eine kostspielige Angelegenheit gewesen sein, es gab ja noch keine Versicherungen.
Die Eltern Hansmann hatten dem Brautwerber abgeraten, Katharina zu heiraten, weil sie nicht gesund sei.
Die Ehe kam aber doch zustande und sie bekamen zwei Söhne, **Johannes** und **Christian.**
Katharina war dann nachher wirklich so krank, dass sie wieder nach Hause gehen musste. Bei Hüffers - nur Männer - konnte sie keiner pflegen.
Die schwere Krankheit hatte ihre Knochen so verbildet und gekrümmt, dass sie nicht in den Sarg passte, als sie starb. Man musste ihre Knochen brechen!

Johannes hatte eine Hasenscharte und hat nicht geheiratet. Er war ein armer, geduldeter Onkel auf dem Hof seines Bruders. Ich habe ihn noch gut gekannt.

Christian hatte eine ziemlich große Familie.
Er durfte nur bei Mädchen Pate werden, weil damals keiner seinem Sohn den Namen ‚Christian' geben wollte.
So ändern sich die Zeiten.

Der jüngste Sohn **Wilhelm**, geb. 1852, war mein Großvater. Er hat **Elisabeth Hillebrand**, geb. 1863, geheiratet. Sie stammte vom Hof ‚Jobkes'.
Der Großvater Wilhelm hatte Land von Hantünges geerbt und die Großmutter von Jobkes. Die beiden haben sich Meilwes Haus gekauft und eine mittlere Landwirtschaft mit Ochsen als Gespann betrieben.

Früher waren Hantünges große Bauern und der Urgroßvater Gemeindevorsteher. Die Hausnummer „1" zeugte noch davon.
Durch das Studium des ältesten Sohnes und die Mitgift für die anderen Kinder wurde der Hof zerstückelt.
Außerdem war das Geld damals sehr knapp. Die Mäher und Drescher mussten entlohnt und beköstigt werden. Der „Brannewein", Branntwein,

gehörte auch dazu. Die Urgroßmutter hat oft geklagt, dass das „Fiärtken" (Fässchen) schon wieder leer sei.

Die schmiedeeisernen Grabkreuze mit Namen der Urgroßeltern standen noch - als ich Kind war - unten auf dem Oesdorfer Friedhof im Gras.

Die Großeltern

Meilwes

Oma Elisabeth und Opa Wilhelm

Der **Opa Wilhelm** hat also seine **Elisabeth** (Bettchen) geheiratet.

Sie bekamen acht Kinder:

Maria   (* 1885/1886   + 1932 in Westheim)
Franziska   (* 4.9.1887   + 3.9.1966 in Oesdorf)
Anna   (* ? + ?)
Karoline   (* ?   + 1968 in Oesdorf)
Elisabeth   (als Kind verstorben)
Josef   (* 4.9.1895 + ?.4.1951 in Oesdorf)
Anton   (+ 23.8.1898 + 13.3.1969 in Bochum)
Franz   (20.7.1902 + 1969 in Oesdorf)

Der Opa war dunkelhaarig. Er mochte aber nur blonde Frauen gut leiden, wie es die Oma als junges Mädchen war.

Die Oma war eine gute Schülerin. Sie hatte in der Schule immer den 2. Platz inne. Den ersten Platz hatte eine Bauerntochter, als Bauerntochter hatte man natürlich Privilegien.

Der Opa hielt große Stücke auf seine Frau und hat sie immer sehr gelobt. Obwohl sie noch so jung gewesen sei (sie war 11 Jahre jünger als der Opa), wäre sie in allem immer so klug und umsichtig gewesen.

Der Opa war 16 Jahre lang Gemeindevorsteher und in Oesdorf ein geachteter Mann. Wenn mal längere

Schriftstücke zu verfassen waren, half ihm seine Elisabeth dabei.

An dem alten Meilwes'schen Haus hatte die Familie nicht sehr lange Freude.
1899, an einem sehr heißen Sonntag, ist es abgebrannt. Nachbarn waren in die Kirche gestürzt und brachten die Schreckensnachricht, dass es brennt.
Es sind noch mehrere andere Häuser im Unterdorf mit abgebrannt.
Die Familie mit dem „Tröppken" Kinder hat dann bei Hantünges Zuflucht gefunden bis ein neues Haus fertig war.
Das Haus steht heute noch in fast unveränderter Form.

Bei dem Brand ist der Strumpfkorb nicht gerettet worden. Tante Mariechen, die älteste Tochter, hat sich den Rücken krumm gestrickt, damit alle wieder Strümpfe anzuziehen hatten.

Meilwes Haus – vor der Deelentür:
  Vater Anton und Oma Elisabeth Hansmann

Für das neue Haus mussten noch viele Jahre
Schulden getilgt werden. Die Rate war immer kurz
vor Weihnachten fällig. Wenn dann die Kinder
Wünsche äußerten, wurde immer gesagt, die
Schuldentilgung habe wieder alles Geld
verschlungen und so gab es nie viel vom Christkind.
Einmal hat Anton, mein Vater, aber ein Lämmchen
bekommen, mit wolligen Locken. Die Freude konnte

nicht größer sein. Außerdem hatten die Kinder noch das Glück, 2 Apfelsinen zu erhalten; jeder eine zu Hause und eine bei Hantünges.

Alles war sehr bescheiden. Zum Abendessen machte die Oma oft „Kaffee und Kartoufeln". Das waren gekochte Salzkartoffeln, die in eine große Schüssel geschüttet wurden. Dann wurde Speck ausgelassen und mit den Grieben oben auf die Kartoffeln gegossen. Wer nun von oben Kartoffeln auf seinen Teller füllen konnte (meistens die Mannslü), hatte Glück; die Kartoffeln schmeckten noch einigermaßen. Je weiter es nach unten ging, desto weniger Fett war dort angekommen, das waren dann nur noch trockene Kartoffeln. Dazu gab es aus einer riesigen Aluminiumkanne Malzkaffee.
Meine Mutter hat das als Schwiegertochter noch kennengelernt.

Die Großeltern wurden von ihren Kindern immer mit „Sie" angeredet oder in der 3. Person. Auf Plattdeutsch hörte sich das zwar etwas anders an, als Beispiel etwa: „ Ha gäi ?" (Haben Sie?)

Da die Oma ja elf Jahre jünger war als der Opa, hatte er fest geglaubt, dass er, dem Alter nach, eher sterben würde. Nun war es nicht der Fall. Da wollte der Opa verzweifeln, er hatte keinen Lebensmut mehr.

Erst durch die Geburt des ersten Enkelkindes im Hause, das war Meilwes Mia, lebte er wieder auf. Mia wurde im August 1927 geboren. Er nannte sie sein „Schneewittchen".

Wie traurig wäre er gewesen, wenn er sein „Schneewittchen" später gesehen hätte. Die arme Mia war so klein und vor lauter Arbeit verwachsen.

1930 ist auch der Opa gestorben. 77 Jahre alt zu werden, war damals schon ein hohes Alter.

Ich habe meine Großeltern gar nicht gekannt.

Tante Mariechen

Maria Jordan, geb, Hansmann

★ *1885 oder 86; + 1932*

Tante Mariechen war die älteste Tochter meiner Großeltern. Sie wurde 1885 oder 86 geboren. Als ältestes Mädchen musste sie tüchtig im Haushalt mithelfen. Sie hat gestrickt und am Kump (Brunnen) gewaschen. Sie war wohl in allem sehr großzügig, denn Nachbarn hatten ihre „fäine Lauge" gelobt. Auch beim Spinnen und Weben des Leinens war sie nicht so pingelig. Es hieß, die Stücke, die Mariechen gewebt hätte, wären immer etwas lockerer gewesen.

Essen tat sie auch sehr gern. Sie hatte ein kleines Messer in der Schürzentasche, so konnte sie sich schnell auf der Rauchbühne mal ein Stück Schinken abschneiden. Sie war auch ziemlich stabil. Nachdem ihre jüngeren Schwestern so eine nach der anderen heirateten, wollte sie auch nicht gerne als alte Tante im Hause ihres Bruders leben. Sie heiratete noch als älteres Mädchen nach Westheim einen **Heinrich Jordan**. Das Haus hieß „Kellerwirts". Der Heinrich hatte ihr sein richtiges Alter verschwiegen, das kam erst beim Standesamt heraus. Mariechen wäre richtig zusammengezuckt vor Schrecken. Glücklich war sie wohl nicht in Westheim. Eine alte Tante, die *sie* ja nicht werden wollte, machte ihr dort das Leben sauer. Zu allem

Unglück wurde sie auch noch schwer zuckerkrank. Diese Krankheit hat damals noch keiner richtig erkannt, von ‚Behandeln' konnte gar keine Rede sein. Tante Mariechen ist öfter ins Koma gefallen und wurde von den Leuten verkannt; sie glaubten, sie hätte epileptische Anfälle, was damals mit „Irre" gleichgesetzt wurde. 1932 ist die arme Tante dann schon gestorben. Die Geschwister, also auch mein Vater Anton, haben damals die Sachen geerbt, die sie mit in die Ehe gebracht hatte. Wir hatten Zuhause immer ein paar einfache Holzstühle und das schwarze Brautkleid von Tante Mariechen. Das Kleid hat meine Mutter für sich umarbeiten lassen.

Tante Franziska

Tante Franziska wurde am 4. September 1887 als zweite Tochter meiner Großeltern geboren. Franziska kam schon als kleines Mädchen nach Hantünges zu ihrer Patentante. Ich nehme an, dass sie zunächst für kurze Zeit zur Entlastung der Mutter nach der Geburt des 3.Kindes zu Onkel und Tante gebracht wurde, dann wurde ein Leben lang daraus. Die beiden unverheirateten Geschwister wollten sicher auch gern ein Kind um sich haben und haben Franziska umhegt. Später hatten sie dann auch Hilfe und Pflege an Franziska.

Oma Elisabeth hat aber einmal gesagt, sie würde das nie wieder tun und ein Kind abgeben. Sie wären sich doch fremd geworden, obwohl sie so nah zusammen wohnten.

Tante Franziska war elf Jahre älter als mein Vater. Später war dann der kleine Anton oft ganz bei ihr, auch als Kleinknecht und als Hütejunge.

Tante Franziska und mein Vater hatten dunkles Haar. Die alte Pa mochte ihre Nichten und Neffen mit dunklem Haar lieber leiden.

Franziska hat dann das Haus und Land geerbt. Onkel Georg hat allerdings auch allen anderen Nichten und Neffen von Meilwes je zwei (!) Morgen Land vererbt. So war Onkel Georg bei uns immer gut angesehen. Er war ja der ‚Erbonkel'.

Meilwes hatten unser Land in Pacht. Wir bekamen immer Naturalien dafür. Nach dem 2. Weltkrieg hat mein Vater dann das Land an Meilwes für 5.000,00 DM verkauft.

*Franziska und August Breidenbach   (1958)Franziska Breidenbach, geb. Hansmann * 04.09.1887 ✝ 03.09.1966*

Im Mai 1919 heiratete Tante Franziska ihren Bräutigam <u>August Breidenbach</u>. Onkel August stammte aus *Pulves*. Er war gelernter Maurer und hat in Bochum an der alten Knappschaft mitgearbeitet.

Er war im Bochumer Gesellenverein und lernte dort Opa Wilhelm Mehring kennen, der Jahre später mein Schwiegervater werden sollte! Zufälle gibt's!

Tante Franziska und Onkel August bekamen am 22. März 1922 eine Tochter **Elisabeth**. Das Kind wurde „Lieschen" genannt, und so hieß Lieschen bis an ihr Lebensende.

Leider blieb Lieschen allein. Der gewünschte Georg stellte sich nicht mehr ein.

Tante Franziska war der Motor in dieser Familie. Sie konnte grundsätzlich alles, ob es Nähen, Stricken, Sticken oder Mauern, Schustern, Besenbinden, Backen (Brot, Stuten oder Kuchen), Einwecken beim Schlachten oder Wursten, mit dem Vieh umgehen usw. usw. Sie war auch sehr gerecht und ehrlich. Das wussten auch die Juden, die als Händler über die Dörfer gingen. Als in der Nazizeit die Judenverfolgung einsetzte, haben es einige Juden noch geschafft, nach Amerika auszuwandern,

so auch die jüdische Familie Katz aus Westheim.
Herr Katz hat Tante Franziska die
Schlafzimmermöbel zum Kauf angeboten und
gesagt: „Ziska, dir geb' ich es am liebsten!"
Hantünges haben die Möbel auch gekauft. Die
Schlafzimmermöbel standen noch lange in der
Schlafkammer.

Tante Franziska erlebte dann später die Hochzeit
von Lieschen und die Geburt der fünf Enkelkinder.
Anton junior war ihr besonderer Liebling. Da sie
selber keinen Sohn hatte, besaßen die Jungen
immer größere Chancen bei ihr.

Tante Franziska ist 79 Jahre alt geworden. Am
3. 9. 1966 ist sie zuhause gestorben. Sie hatte
zuletzt auch viele Gebrechen, war aber geistig noch
total fit. Sie litt ja ihr Leben lang auch unter
Migräne und wohl zu niedrigem Blutdruck.

Onkel August hat seine Frau noch zwei Jahre
überlebt. Er starb 1968.

Elisabeth (Lieschen) geb. Breidenbach
und Anton Jochheim

<u>Tante Anna</u>

Tante Anna wurde dann als dritte Tochter geboren. Sie war hellblond.

Von ihr weiß ich nicht viel. Sie machte auf mich immer einen unzufriedenen Eindruck. Den Erzählungen meines Vaters nach war sie auch nicht so großzügig. Als sie einmal in Westheim auf dem Gutshof in Stellung war, hat mein Vater, ihr jüngerer Bruder, sie auf Johannestag – Kirmes in Oesdorf - extra von Westheim abgeholt. Er hatte sich eine kleine Belohnung dafür erhofft, lockte doch die süße Bude mit Köstlichkeiten jeder Art. Die Belohnung fiel dann auch wirklich sehr klein aus, 2 ganze Pfennige. Armes Antönneken !

Ihr Bruder Franz hat sie immer geärgert, weil sie oft ihre Stirn so arg in Falten zog. Er sagte dann „Nirgelblässe" zu ihr und hielt ihr einen Nagel vor die Stirn.

Tante Anna heiratete nach dem 1. Weltkrieg in Ribs, Fritz Lange. Onkel Fritz war ein Freund von Onkel August und war auch mit ihm in Bochum Maurer.

Ribs hatten vier Kinder:

Lisbeth, das 2.Kind, war ein freundliches, fröhliches Mädchen. Sie war in Marsberg bei einem Rechtsanwalt Fletcher in Stellung.

Sie wurde im 2. Weltkrieg zum Arbeitsdienst eingezogen und gleich als Flakhelferin übernommen. Als der Krieg zu Ende war, wollte sie mit Freundinnen auf Rädern nach Hause. Dabei ist sie von - wahrscheinlich angetrunkenen- Amerikanern (8.Mai Siegestaumel, Kriegsende) tödlich verletzt worden. Das amerikanische Auto ist in die Radfahrergruppe gefahren.

Nach langer Sucherei und Hinweisen von Überlebenden hat ihr Vater dann sein totes Mädchen in Dillenburg gefunden. Sie war als „unbekannt" beerdigt worden.

Lisbeth ist nach Oesdorf überführt worden und liegt mit ihren Eltern in einer Gruft.

Tante Anna hatte nach dem Tod von Lisbeth keinen Lebensmut mehr. Sie bekam auch ganz schrecklich Rheuma und hat jahrelang nur im Bett gelegen.

Sie hatte keinen schönen Lebensabend.

Tante Lina

Karoline Hansmann und Josef Thiele

Karoline (Lina) wurde als 4. Tochter geboren. Sie hat in Engelns geheiratet, Josef Thiele. Das Ehepaar hatte 5 Kinder, 2 Söhne und 3 Töchter. Engelns Vater arbeitete als Gemeindediener. Er ging mit der Glocke durchs Dorf und machte bekannt, was es Neues gab und was zu beachten war. Er ist schon sehr früh gestorben. Tante Lina bekam nur eine kleine Rente, aber mit der kleinen Landwirtschaft konnten sie sich dann doch über Wasser halten.

Beide Söhne sind im 2. Weltkrieg vermisst, Wilhelm in Russland und Josef in Frankreich.

<u>Onkel Josef</u>

Endlich, nach so vielen Töchtern, wurde am 4. September 1895 der ersehnte Sohn geboren.

Josef als ältester Sohn erbte den Hof. Er betrieb seine Landwirtschaft damals zunächst mit zwei, dann mit drei Pferden. Einen Trecker hatten in Oesdorf nur einige große Bauern. Seine Pferde waren sein Heiligtum. Zuerst bekamen nach getaner Arbeit die Pferde ihr Futter und Decken aufgelegt, erst dann konnten die Menschen sich versorgen.

Onkel Josef war ein großer, stattlicher Mann. Seine erste Liebe durfte er nicht heiraten, das wollte seine Mutter nicht. Es war nämlich eine Tochter ihres Vormunds (Tunbökers), der vielleicht nicht sehr nett zu ihr gewesen war? Das junge Mädchen ist dann ins Kloster gegangen.
Onkel Josef hat dann 1926 eine Bauerntochter aus Blocks Hause geheiratet, Franziska von Rüden.
1927 im August wurde die erste Tochter Maria und im April 1929 Tochter Franziska geboren. Anfang 1930 ist dann die junge Mutter an Tb gestorben. Zuvor war ihre Schwester an der gleichen Krankheit gestorben. Da Franziska so sparsam war und nichts wegwerfen wollte, hat sie sich die ganze

Kleidung und Pelze von der toten Schwester geholt
und auch getragen. So hat sie sich wohl angesteckt.
Onkel Josef hat nach dem Tod seiner Frau alle
Federbetten, Kleidung und Pelze verbrannt.
Die ganze Familie der jungen Frau war wohl nicht
sehr großzügig. Die alten Schwiegereltern waren
sehr traurig darüber. Als in Blocks Haus groß
geschlachtet wurde (Rind und Schwein), hatte
Franziska auch beim Wursten geholfen.
Die alten Leute freuten sich abends auf die
Wurstesuppe und das Wurstemett. Aber leider kam
die junge Frau mit leeren Händen. Sie hat nur
geprahlt, wie viel Würste sie aus dem Fleisch
hätten herstellen können. In Oesdorf war es doch
aber Sitte, dass man den nächsten Verwandten und
Nachbarn Wurstesuppe und Mett brachte!
Die Wurstesuppe war sehr lecker, das war die
Brühe, in der das ganze Fleisch für Leber- und
Blutwurst gekocht wurde. Das Mett war Grütze,
auch mit guter Brühe gekocht und Fleischstücke
darin. Das war noch während des Krieges Sitte, als
ich in Oesdorf war.
Meine Eltern haben die Knauserigkeit auch zu
spüren bekommen. Als Franziska die Eierkisten
befüllen musste, die meinem Vater als Erbteil

zustanden, hat sie genau aufgeschrieben, was die Eier in den Wochen zuvor gekostet hatten. Die letzten Fächer hat sie mit Papier ausgestopft, weil das Soll erfüllt war.

Onkel Josef hat nach ihrem Tod eine Bauerntochter aus Westheim geheiratet, Maria Seewald aus *Runten* Hause. Tante Maria hatte eine uneheliche Tochter Margret. Onkel Josef hat das Kind adoptiert. Ihr Verlobter war Gutsverwalter und von einem Pferd am Kopf tödlich getroffen worden.

Tante Maria und Onkel Josef bekamen noch vier Kinder; Wilhelm, Franz, Liesel und Heinz.

Es war eine gute Ehe. Onkel Josef sprach immer von seiner „Madam".

Tante Maria hat den großen Haushalt sehr ordentlichen geführt, trotz der sieben Kinder. Die großen Mädchen mussten aber auch tüchtig helfen. Leider hat sie – verständlicherweise - ihre Tochter Margret vorgezogen.

Und auch in dieser Generation durfte nur ein Kind etwas lernen: Liesel wurde später Schneiderin.

Anton, mein Vater

Anton Hansmann, 1925   Bildmitte

Am 23. August 1898 wurde mein Vater Anton geboren.

Er war zunächst ein armes Kind, denn er hatte eine Kiefermissbildung. Er konnte dadurch nicht saugen und musste mit einem Löffelchen gefüttert werden. Das war sehr schwierig und mühsam und er war dadurch ein zartes, schmächtiges Kind. Eine Nachbarin befürchtete Schreckliches und erzählte, er könnte gar nicht ans Sterben kommen.

In Göttingen in der Klinik ist er dann operiert worden. Trotz seines Sprachfehlers war er sehr beliebt. Als er noch nicht in der Schule war, ist er oft der Lehrerin Fräulein Falke entgegen gegangen und hat ihr die Geige getragen. In der 1.Klasse hat sie ihn dann als ‚mein kleiner Geigenträger' begrüßt. Bei Fräulein Falke, in der kleinen Schule, war mein Vater gern. Später ließ die Freude nach, bei Lehrer Kramps mit den vielen Kindern, der oft so launisch war und die Schüler schlug, war es nicht mehr so schön.

Seine Eltern ließen meinen Vater keine Lehre machen, das sollte sich noch bitter rächen. Stattdessen war mein Vater als Kind und Jugendlicher viel bei Hantünges bei seiner Schwester Franziska. Er war dort der ‚Kleinknecht'.

Befreundet war er mit den Nachbarkindern aus
'Götten'. Finchen war genauso alt wie er. Die
Freundschaft ist bis zum Lebensende geblieben.
Davon soll später noch die Rede sein.
Nach dem ersten Weltkrieg ist mein Vater zur Bahn
gegangen. Er wollte sein eigenes Geld verdienen
und nicht auf die Gnade seines Bruders, der den
Hof erben würde, angewiesen sein.
Zunächst hat unser Vater in der Rotte gearbeitet.
Manchmal war er auch im
Schrankenwärterhäuschen oder als Bremser tätig.
Als die Kunze-Knorr-Bremse erfunden und in die
Waggons eingebaut wurde, wurden alle Bremser
entlassen, auch mein Vater. Die Bahn schenkte den
Entlassenen noch einige Freifahrtscheine - und das
war's!
Mein Vater ist damit nach Hamburg und nach Köln
gefahren. In Köln war seine Liebste, meine Mutter
Johanna, in Stellung. Doch auch hiervon berichte
ich später.
Nach der Entlassung bei der Bahn hat mein Vater
zunächst in Oesdorf im Wald gearbeitet. Die
Arbeit war aber sehr schwer.
Durch seinen Vetter Josef Hillebrand ist mein
Vater nach Bochum gekommen. Er hat auf der

Rombacher Hütte gearbeitet und zunächst sogar bei Josef gewohnt. Dann hat er sich einen Logisplatz bei „van Dieken" gesucht. Das war natürlich auch noch weitläufige Verwandtschaft aus Oesdorf.

Van Dieken hatten etliche Kinder, die immer gerne bei ‚Onkel Anton' etwas erbetteln wollten. Sie konnten dann schmeicheln und ‚Onkel Anton' in allen Tonlagen flüstern.

Durch die schlechte Wirtschaftslage wurde mein Vater auch bei der Rombacher Hütte entlassen. Er hatte aber Glück und bekam durch etwas Hilfe von Eugen Kluge, dessen Frau natürlich ebenfalls aus Oesdorf stammte, eine Stelle bei den Stadtwerken.

Die Arbeit im Rohrgraben war schwer und der Verdienst gering. In der Zeit der Arbeitslosigkeit war jedoch jeder dankbar, wenn er Arbeit hatte.

Onkel Franz, der „Luchte"
*20.7.1902   +1969

Onkel Franz war Vaters jüngster Bruder. Er wurde am 20.07.1902 geboren. Das neue Haus war inzwischen fertig.

Franz hatte weißblondes Haar und wurde „Meilwes Witte" genannt.

Von ihm erzählte man sich viele Geschichten. Früher kaufte man Zuckerhüte und klopfte nach Bedarf Zucker ab. Der Zucker war wohl eine ziemliche Kostbarkeit.

Einmal war der kleine Franz verschwunden, nirgendwo konnten sie den kleinen Kerl finden, bis dann mal jemand in die Speisekammer guckte. Da saß das kleine Leckermäulchen hinter dem Zuckerhut und war eingeschlafen.

Onkel Franz war sehr geschickt. Schon als kleiner Junge hat er aus einem alten Spinnrad und anderen Teilen, die auf dem Bauernhof rumlagen, eine funktionierende Dreschmaschine gebaut.

Er, der an allen technischen Dingen so interessiert war, hätte gern die Taschenuhr seines Vaters gehabt. Der vertröstete ihn, nach seinem Tod würde er sie bekommen. Da antwortete der Enttäuschte: „Du gaist ja gar nich daut!" (Du gehst ja gar nicht tot!)

Als in Oesdorf der elektrische Strom verlegt wurde, hat er den Elektrikern zugeschaut und mit ihnen Freundschaft geschlossen.

Auf Tante Linas Polterabend ging bei Meilwes zum ersten Mal das elektrische Licht an. Ein kleines Mädchen wollte gerade ein Gedicht aufsagen, da wurde es auf einmal hell! In dem Jubel über das elektrische Licht ging das Gedicht zwar unter, aber die Freude über den Anschluss an die neue Zeit war groß!

Offensichtlich muss Franz die Elektriker so ausgefragt haben, dass er nachher alles genauso konnte wie die gelernten Handwerker.

Der Strom brachte viele Erleichterungen. Vor allem das lästige Häckselschneiden, was mein Vater und seine Brüder alle zwei Tage machen mussten, fiel weg! Mit der Zeit wurde auch ein elektrischer Aufzug angeschafft, der die Garben und das eingebrachte Heu vom Wagen (Fuder) auf den Balken transportierte. Bis dahin wurde es von Hand mit einem Seil hochgezogen.

Onkel Franz sang gerne und war sehr lustig. Er hatte viele Freunde. 1926 heiratete er Anna Günther. Er zählte sich zu den „Infriggers" - das

heißt „Einheiratern"- , weil er in den Hof seiner
Frau zog, in ‚Luchten'.
Luchten hatte drei Söhne und eine Tochter.
Der älteste Sohn Jupp blieb im Haus und wurde
Bahnbeamter.
Anton verunglückte 1957 mit dem Motorrad tödlich.
Der Jüngste, der kleine Willi, war erst 1943
geboren. Er war ein niedliches Kerlchen, trug am
liebsten kleine Holzschuhe und sprach platt. 1946
verstarb er leider an Diphtherie.

Die Familie meiner Mutter

Ihre Eltern, Franz und Marianne Drygalski, geb. Bobrowski, stammten aus Westpreußen. Der Vater war in Thorn, Kreis Kulm, geboren und die Mutter in Strasburg. Dort haben sie auch zunächst gelebt. Felix, der älteste Bruder meiner Mutter, wurde 1898 in Westpreußen geboren.

Wahrscheinlich hat die Industrialisierung die kleine Familie ins Ruhrgebiet verschlagen. Der Opa Franz war bei der Bahn beschäftigt.

In Dortmund kam meine Mutter Johanna 1903 als zweites Kind zur Welt.

Nach meiner Mutter wurde im Oktober 1905 Bruder Franz geboren. Ob die Großeltern sich im Westen nicht wohl fühlten und deshalb nach Westpreußen zurückgegangen sind, weiß ich nicht. Auf jeden Fall erblickte am 26.05.1908 Tante Viktoria Luise das Licht der Welt in Westpreußen. Tante Mia wurde 1910 aber wieder in Dortmund geboren!

1914 war noch mal ein Kind unterwegs. Das waren aber Zwillinge, bei deren Geburt die Mutter und auch die beiden Kinder starben.

Zu diesem großen Unglück kam verschlimmernd hinzu, dass nun der Opa ohne Verwandte mit den kleinen Kindern dastand. Er hat zunächst eine Hilfe genommen, aber dann musste er auch noch Soldat werden! Die Kinder, außer Felix, kamen ins Waisenhaus. Im Waisenhaus wurden die Geschwister ganz auseinandergerissen. Die Mädchen waren von den Jungen getrennt und durften nicht miteinander sprechen. Die jüngeren Schwestern waren in anderen Abteilungen untergebracht als die ‚große' Johanna.

Felix

Der älteste, **Felix,** wurde 1898 in Westpreußen geboren. Er ist nicht mehr ins Waisenhaus gekommen, weil er beim Tod der Mutter schon 15 oder 16 Jahre alt war.

Er wurde dann später Soldat im 1. Weltkrieg.

Nach dem Krieg ist er wieder nach Westpreußen zurückgegangen, weil dort noch Verwandte wohnten.

Westpreußen war durch den verlorenen Krieg zu Polen gekommen.

Von Felix haben dann die Geschwister nie wieder etwas gehört.

Johanna, meine Mutter

Johanna Hansmann   geb. Drygalski
✳ 03.01.1903   ✝ 27.11.1969

Bevor die familiäre Tragödie über die inzwischen
große Familie der Drygalskis hereinbrach, glaubte
meine Mutter, dass die Vinzentinerinnen mit ihren
großen weißen Hauben Engel seien. Im Waisenhaus
hat sie dann gemerkt, dass das nicht der Fall war.
Die großen Mädchen mussten schon tüchtig
arbeiten und wurden streng behandelt.
Allerdings merkten die Vinzentinerinnen, dass
Johanna sehr intelligent war. Sie sorgten dafür,
dass sie Schülerin in einer ‚Präperantenschule'
wurde. In diese Schule wurden nur die begabtesten
Kinder geschickt, es war nämlich die
Ausbildungsschule für angehende Lehrerinnen.
Meine Mutter hat immer davon geträumt, Lehrerin
zu werden. Dieser Traum ging erst für ihre Enkelin
in Erfüllung. Leider hat sie es nicht mehr erlebt.
Der 1.Weltkrieg machte ihre winzige Chance, als
Halbwaise durch den Besuch der Schule für
Begabte diesen Beruf ergreifen zu können,
zunichte.
In den letzten Kriegsjahren des ersten
Weltkrieges gab es bitter wenig zu essen,
hauptsächlich Steckrüben. Wenn meine Mutter
dann mal ihre kleine Schwester Mia traf, die sehr
zart und kränklich war, sagte diese: „Janna hasse

nichts?" Wo sollte meine arme Mutter etwas hernehmen? Die kleine Mia begnügte sich dann mit „Jannas" Taschentuch.

Nach der Schulzeit war meine Mutter dann in verschiedenen Stellungen im Haushalt tätig. Später ist sie dann durch Vermittlung der Vinzentinerinnen nach Marsberg zur ‚Anstalt' (heute: LWL-Klinik Marsberg) gekommen. Sie hat in der Bäckerei gearbeitet und wurde von den anderen Mädchen, die aus den umliegenden Dörfern stammten, die „Bäcker-Johanna" genannt.

Aus Oesdorf arbeiteten mehrere junge Mädchen dort, so auch Götten Finchen, die Mutters Freundin wurde. Dadurch kam meine Mutter nach Oesdorf und lernte durch Finchen meinen Vater kennen.

Um etwas mehr Geld zu verdienen, ist meine Mutter dann später nach Köln gegangen. Sie war dort bei einem Bankdirektor Klingenburg beschäftigt. Sie waren so gutbetucht, dass Frau Klingenburg sich sogar für ihr Söhnchen Ludwig eine Amme hielt. Zuletzt hat meine Mutter dann in Bochum bei Rietkötter gearbeitet, weil ihr Bräutigam Anton auch in Bochum war.

Onkel Franz

Franz Dirks (Drygalski)
mit
Klara (gen. Klärchen)

Onkel Franz wurde im Oktober 1905 geboren.
Er war in Dortmund mit den anderen Geschwistern
im Waisenhaus.
Nach seiner Schulentlassung hatte er wohl durch
Vermittlung des Heimes etwas Handwerkliches
gelernt. Nach der Erwerbslosenzeit war er bei
Knappstein als Heizungsmonteur tätig.
Er heiratete Klara Köller aus Wiemelhausen.
Kennengelernt hat er sie wohl durch meine Eltern.
Die hatten Bekanntschaft mit Änne Thiele aus
Westheim (Nachbardorf von Oesdorf), die bei
Feinkost Steffen beschäftigt war. Dort arbeiteten
auch Klara und ihre Schwester Paula, die eine im
Haushalt und die andere in der Küche. So kam die
Bekanntschaft zustande.
Onkel Franz und Tante Klärchen hatten zwei Söhne,
Gerd und Herbert.

Tante Luise

Viktoria Luise Ungermanns,
geb Drygalski / Dirks
gen. Luise

Luise wurde am 26.05.1908 in Westpreußen geboren. Sie konnte schon als Kind sehr schlecht sehen und trug immer eine Brille.

Die Waisenhauszeit hat sie gut überstanden, sie war eine robuste, abenteuerlustige kleine Persönlichkeit. Wenn sie in der Küche helfen musste, hat sie geklaut, wenn´s eben ging. Das verschwand dann in der Tasche, die damals auf dem Unterrock war. Einmal war´s sogar ein Rollmops! Tante Luise fand später die Zeit sogar schön, sie hat später noch gerne erzählt, wie sie die Nonnen ausgetrickst hat.

Nach ihrer Schulentlassung - sie war übrigens eine sehr gute Schülerin -, hatte sie zunächst mehrere Stellungen. Später war sie in Marsberg auf der Anstalt bei kranken Kindern und an der Pforte beschäftigt.

Zwischendurch war sie mit einem Schneider aus Westheim, Franz Bielefeld, verlobt. Aber diese Verlobung ging in die Brüche.

Sie hatte bald keine Lust mehr, auf der Anstalt zu arbeiten. Auf zu neuen Ufern!

Sie hat sich Arbeit im Rheinland gesucht und ist in Krefeld bei Josef Ungermanns hängengeblieben. Der hatte dort ein Haus und einen Tabak-Groß-und

Kleinhandel. Das Geschäft lief schlecht, Ungermanns trank. Mit Tante Luises energischen Hilfe hat er damit aufgehört und das Geschäft begann wieder zu blühen.

1942 hat Tante Luise dann Josef Ungermanns geheiratet. Vorher gab es erst noch eine Verlobungsfeier, die sehr schön war. Unsere Mutter und mein Bruder Franz waren schon nach Krefeld gefahren, Vater und ich wollten zuhause bleiben. Da erhielt unsere Hausbesitzern auf der Blücherstraße einen Anruf aus Krefeld, wir sollten unbedingt kommen. Vater und ich haben uns noch in den Zug gesetzt und sind durch das abendliche Krefeld bis zur St.Anton-Straße marschiert.

Es wurde ein sehr schöner Abend. Josef, der Bräutigam, spielte Geige und war anschließend so von seiner eigenen musikalischen Darbietung gerührt, dass er weinte!

Tante Luise hat immer gut für uns gesorgt. Mit Rauchwaren konnte man viel anfangen. Wir bekamen aber auch Bekleidung und andere Dinge. Ihr Mann Josef durfte vieles nicht wissen. Mir war das immer unbehaglich und ich mochte den neuen Onkel nicht besonders gut leiden. Außerdem sprach er fürchterlich rheinisch, ich konnte ihn oft nicht verstehen. Es ging alles immer sehr hektisch zu. Nach dem Krieg ging es nochmals bergauf bei den Ungermanns, aber leider fing Josef wieder an zu trinken. Ein tolles neues Auto fuhr er alkoholisiert zu Schrott. Irgendwann war Tante Luise das Leben an Josefs Seite leid.

Sie hatte einen Freund Herbert und hat sich von Ungermanns scheiden lassen.

Mit dem Geld, das ihr nach der Scheidung zustand (10.000,- DM, das war damals sehr viel), wollte sie ein neues Leben anfangen.

In Herzogenrath eröffnete sie mit dem Herbert eine ‚Frittenbude'. An der belgischen Grenze war das schon damals „in". Hier, im Ruhrgebiet, kannte kein Mensch ‚Fritten'.

Herbert wurde aber krank und taugte auch wohl nichts fürs Geschäft. So verlor Tante Luise alles sehr schnell und sie stand mittellos und ohne Altersversorgung bei meinen Eltern an der Lessingstraße auf der Matte.

Sie blieb eine Zeitlang bei uns, aber meinen Eltern war das auch zu riskant, sie war ja noch nicht einmal krankenversichert! Da hat es dann wohl eine Auseinandersetzung gegeben und Tante Luise ist nach Düsseldorf gegangen. Sie fand Arbeit in einer Brauerei. Dort hat sie einen neuen Lebensgefährten kennengelernt, Nick und Luise lebten bis an ihr Lebensende im Siegkreis.

Tante Mia

Maria Ludwig, geb. Drygalski
(gen. Mia)

Tante Mia war Mutters jüngste Schwester und meine Lieblingstante. Sie wurde 1910 in Dortmund geboren. Sie war noch sehr klein, als ihre Mutter starb und hat fast ihre ganze Kindheit im Waisenhaus verbracht.

Leider weiß ich nicht, wo sie nach der Schulentlassung in Stellung war. Später, als meine Eltern in Bochum wohnten, hat sie bei Diefenbachs am Wiesental gearbeitet. Wenn sie frei hatte, ist sie immer zu meinen Eltern gekommen. Das war ihr Zuhause.

So haben meine Eltern sie mit nach Eickel zu Tante Finchen genommen, die damals noch bei Ludwigs wohnte. Dadurch hat Tante Mia Willi Ludwig kennengelernt und später geheiratet.

Sie hatten bei Ludwigs im Haus eine Zweizimmerwohnung mit Toilette draußen auf dem Hof. Die Lage des Hauses war ganz idyllisch und ländlich mit Garten und viel Auslauf. Ich habe Tante Mia und Onkel Willi gerne besucht.

Sie hatten 3 Mädchen: Irmgard, Beate und Marlies. Tante Mia und Onkel Willi haben nach dem Krieg wieder in Eickel gewohnt. Ihr Haus im Friedgras an der Lothringer Straße war zerstört. So schön wie früher ist es nie mehr geworden.

Tante Mia kam zwar gern noch zu meinen Eltern in die Lessingstraße, wir fuhren aber seltener dort hin. Tante Mia glaubte merkwürdigerweise immer, sie hätte es nicht schön genug.

Wie das Leben so spielt

Tante Finchen

Finchen, eigentlich Josefine Horn, habe ich ja schon öfter erwähnt. Finchen war keine Verwandte von uns, sie kam aus ‚Götten', dem Nachbarhaus von Hantünges. Da durch sie nicht nur die Ehe meiner Eltern zustande kam, sondern noch einige Ehen mehr, außerdem zwischen meinen Eltern und Finchens Familie eine lebenslange Freundschaft bestand, soll auch von ihr erzählt werden.

Da mein Vater viel bei Hantünges, bei Onkel Georg, Tante Franziska (Pa) und seiner Schwester Franziska war, wurde Finchen seine Freundin, sie waren auch gleichaltrig.

Götten hatten nur ein kleines Haus und im Stall einige Ziegen. Land besaßen sie nur ganz wenig. So mussten die Kinder, 4 Mädchen und 1 Junge, im Sommer ständig die Ziegen an Wegen und Hecken hüten. Fürs Lernen in der Schule blieb nicht viel Zeit übrig. Wenn die Kinder mal wieder nichts konnten, schimpfte der Lehrer Kramps nicht gerade pädagogisch: „An allen Hecken könnt ihr `rumschalengern´ (was schon eine milde Art von Stehlen war), aber gelernt habt ihr nicht!"

Finchens Vater ging bei Tage arbeiten (Sägewerk o.ä.) und abends flocht er Körbe. Die Mutter ging mit den Körben über die Dörfer, um sie zu verkaufen. Die Mutter war so ehrgeizig; ihre Kinder sollten es einmal besser haben. Sie sparte das ganze mühsam erworbene Geld, nichts ‚Sinnloses‘ wurde gekauft. Die vier Mädchen hatten keine Puppe, zum Spielen diente ein kleiner Holzklotz, auf dem der Vater abends seine Reiser anspitzte. Bei Tage wurde der Holzklotz ‚angezogen‘ (in bunte Läppchen gewickelt) und gehätschelt und getätschelt. Die schönste Puppe von heute erfährt wohl nicht so viel Liebe, wie der kleine Hauklotz. Am Abend wurde er wieder entzaubert, es war wieder der Hauklotz für die Reiser.

Für die Sonntagssuppe, die sowieso nur mit Räucherspeck gekocht wurde, wurden nie Nudeln oder Reis gekauft. Bei Götten gab es nur „schäle Girste" (geschälte Gerste: Graupen).

Nachher hatten alle Mädchen ein schönes Sümmchen Geld auf dem Konto, doch alles ist durch die Inflation 1923 verfallen. Im Nachhinein sagt man sich, dass ein Püppchen sinnvoller gewesen wäre. Aber wer konnte das ahnen? Die einfachen Leute auf dem Land bestimmt nicht!

Götten Junge „Ose" (Josef) hatte wohl immer viel Hunger. Er kam oft nach Hantünges und bettelte: „Pa, giff mäi en Stücke!"

Dann nahm die Pa den Brotlaib vor die Brust und schnitt von der Mitte her einen Kanten Brot ab, ähnlich wie ein Tortenstück. Wahrscheinlich kam Schmalz oder Butter darauf oder Zwetschgenlaek (Pflaumenmus), das gab´s in Oesdorf ja reichlich. Tante Finchens Vater hat nie müßig gesessen, er hat immer gearbeitet. Aber später stand auf seinem Grabstein:

Hier ruht der Invalide
Wilhelm Horn

Als junges Mädchen war Finchen in Marsberg in der Anstalt beschäftigt. Dort arbeitete zu der Zeit auch meine Mutter in der Backstube. Sie haben sich angefreundet und Finchen nahm meine Mutter sonntags hin und wieder mit nach Hause, nach Oesdorf. Dabei erzählte sie von einem jungen Mann, der bei der Bahn tätig wäre und bei Westheim im Schrankenwärterhäuschen säße. Sie wollten ihn doch mal besuchen. Dieser junge Mann wurde später mein Vater, der sich in Finchens Freundin Johanna verliebte und sie später heiratete.
Als mein Vater auf dem Schützenfest mit meiner Mutter tanzte, lief Bökers Mariechen (sie war eine viel ältere Cousine meines Vaters und seine

Patentante) zu meinen Großeltern und sagte: „Jügge Anton fert mit nem Waisenmäken!" (feiert)
Die Großeltern fanden nichts dabei. So war der besorgten Patentante der Wind aus den Segeln genommen. Sie hätte ihrem Patenkind wohl lieber ein Mädchen mit ‚Geld an den Füßen' gegönnt.
Unser Vater war sehr stolz auf seine Johanna. Wenn sie bei Götten war und las den Kindern etwas vor, hat er an der Tür gehorcht, weil Mutter so schön lesen konnte.
Finchen heiratete später einen jungen Mann aus Oesdorf, Fritz Lange. Sie waren zusammen bei einem Bauern (Dissens) Magd und Knecht gewesen. Onkel Fritz ging nach Eickel und arbeitete auf der Kokerei.
Zunächst war er bei einer Familie Ludwig ‚Im Friedgras' in Eickel als Kostgänger in Logis. Später heiratete er Finchen und bekam bei Ludwigs eine kleine Wohnung. (s. Tante Mia!)
Meine Eltern wohnten inzwischen auf der Lindenstrasse bei Mechelhoff (heute Präsidentenstraße).
Familie Lange hatte eine größere Wohnung von der Zeche auf der Königsstraße in Eickel bekommen.

Sie wohnten im 4. Stock. Die Zimmer waren rechts und links an einem langen Flur. In der Mitte des Flures war ein Wasserkran. Die Toilette war eine Treppe tiefer – zu benutzen von allen Bewohnern des langen Flures. Tante Finchen hatte aber Wasser in der Küche, außerdem hatte sie zwei Schlafzimmer wegen ihrer drei Kinder. Ein Zimmer haben sie noch untervermietet. Da wohnte lange eine junge Familie mit 2 kleinen Kindern.

Zu jeder Wohnung gehörten ein Schuppen auf dem Hof und anschließend ein Garten. Manche Leute hatten eine Laube im Garten, was schon ganz toll war.

Onkel Fritz hat viel und schwer gearbeitet. Alle drei Wochen mussten sie auf der Kokerei „16" machen, das hieß, 16 Stunden arbeiten, auch an Sonn- und Feiertage. Die Koksöfen durften nie ausgehen.

An Feiertagen gab „16" natürlich gutes Geld. So konnte Tante Finchen mal wieder nach Bochum kommen und einkaufen.

Hochzeit

Am 4. November 1926 haben meine Eltern in
Oesdorf geheiratet. Es war ein schöner, sonniger
Frosttag. Die Hochzeit wurde im Elternhaus bei
Meilwes gefeiert. Die Oma war glücklich, dass ihr
Sorgenkind Anton eine Frau gefunden hatte. Sie
hatte sich immer Gedanken gemacht, wer ihm wohl
die vielen Taschentücher waschen würde!
Meine Mutter war die erste weiße Braut in Oesdorf.
Dort war es Sitte, im schwarzen Kleid und mit
einem weißen Schleier zu heiraten. Der Herr Pastor
fand aber offensichtlich eine weiße Braut hübscher
als eine in Trauerkleidung und hat lobend gesagt:
„Johanna, du bist aber eine schöne Braut!"

Die 1. Wohnung

Meine Eltern zogen dann nach Bochum in die Lindenstraße.
So bekamen auch Mutters Geschwister ein Elternhaus.
Franz hat in der Erwerbslosenzeit sogar länger
ganz bei meinen Eltern gewohnt.
Das Haus gehörte einem Bäckermeister
Mechelhoff. Heute heißt die Lindenstraße
„Präsidentstraße". Später hat der Bäckermeister
Rinschen das Haus gekauft.

Die Wohnung in der Blücherstraße

Mein Bruder Franz wurde am 23. April 1928 geboren. Leider hat die Oma das nicht mehr erlebt. Ende 1929 oder Anfang 1930 sind meine Eltern mit dem kleinen Fränzchen zur Blücherstraße 3 gezogen. Heute heißt sie „Stühmeyerstraße", das Haus steht noch. (siehe S.105)

Die Wohnung hatten meine Eltern von Familie Krüger übernommen. Frau Krüger stammte auch aus Oesdorf und war die Schwester von Onkel August. Herr Krüger war Hausmeister im Polizeipräsidium geworden und so bekamen sie eine Dienstwohnung. Die Wohnung in der Blücherstraße lag im 4. Stock und bestand eigentlich aus 5 Zimmern, allerdings teilten sich diese Wohnung 2 Familien! Meine Eltern hatten nur zwei Zimmer, der Vorteil war aber, dass ein Raum die Küche war. Hier gab es Wasser! Außerdem durften sich meine Eltern einen „Kabuff" im Flur abteilen. Herr Krüger hatte die Küche und das Schlafzimmer mit einer Tür verbunden. Eigentlich waren die Räume nur einzeln von dem langen dunklen Flur zu erreichen. Dadurch, dass eine dieser Türen nicht mehr als Eingangstür benutzt wurde, konnte der Kabuff (Abstellraum für

Kohlen, Kartoffeln, Schuhe und Spielzeug) entstehen.

Die beiden Zimmer waren schräg und hatten Fenster zur Dorstener Straße. Wir hatten einen kleinen Hof, der sehr gepflegt war und nur zum Wäscheaufhängen diente. Dahinter war aber noch ein großes Ruinengelände mit großem Zaun zur Dorstener Straße. Wir Kinder konnten dort herrlich spielen und nannten es „Villa".

Wir hatten im Haus zwar eine Waschküche, die leider als Kellerraum vermietet war, und so musste meine arme Mutter oben auf dem Flur waschen, Waschmaschine mit Handbetrieb, und in der Küche auf dem Herd die Wäsche kochen.

Die Wäsche wurde im Toilettenraum gespült. Dort war Wasser. Es war gleichzeitig die einzige Wasserzapfstelle von unseren Nachbarn, Familie Ripperger.

Diese Toilette war die Toilette für beide Familien. Die Häuser Blücherstraße 1,3 und 5 gehörtem einem Anstreichermeister Hellmann. Im Hause Nr. 5 wohnten Hellmanns selbst. Frau Hellmann führte im Parterre ein kleines Textilgeschäft.

Hellmanns waren sehr sparsam und legten im Haus nichts an. Es gab weder Beleuchtung im

Treppenhaus noch Klingeln an der Haustür. Aber die stand sowieso den ganzen Tag über offen. Im Winter mussten die Mieter eine Petroleumlampe auf jeden Etagenabsatz hängen, damit etwas Licht im Haus war. Unser Schlafzimmer hatte bis 1936 kein Licht. Die Petroleumlampe wurde oft des Morgens in der Küche angemacht, um Strom zu sparen. Petroleum brachte der Vater vom Werk mit. Als meine Eltern dann kurz vor der Kommunion von Franz im Schlafzimmer Licht legen ließen, haben sie gleich den Flur mitbedacht. Der Schalter wurde mit einem Schlüsselchen bedient, damit niemand anderes daran gehen konnte.

Die Miete für die Zwei- Zimmer-Wohnung betrug 22,00 Mark im Monat. Unser
 Vater verdiente zunächst 69 Pfennig die Stunde und später 72 Pfennig. Lohn gab es jede Woche, später alle 10 Tage. Große Sprünge konnten mit dem wenigen Geld nicht gemacht werden.

Für uns Kinder war es aber trotzdem schön, und auch Tante Mia und Tante Finchen aus Eickel, ebenso Tante Paula und Tante Klärchen kamen gerne zu uns.

Einkaufen

Zunächst kaufte unsere Mutter bei Hill auf der Dorstener Straße, Ecke Kortländer. Das Geschäft war aber sehr primitiv und es roch immer nach Heringen, die vorne in einem Fass im Geschäft standen. Das Tüpfelchen aufs „i" war für meine Mutter, als eine Frau ihre leere Ölflasche über die Theke reichte und sagte: „Pulle voll!".

Von da ab kauften wir bei Tengelmann, die inzwischen nicht nur Kaffee, sondern auch andere Lebensmitteln verkauften. Das Geschäft war auf der Brückstraße, praktisch am Kortländer.

In der Blücherstr. gab es ein Lebensmittelgeschäft, uns schräg gegenüber. Es hieß Rogge. Dort kauften wir aber nur Brötchen oder wenn eine Kleinigkeit fehlte.

Bei Rinschen haben wir später noch Brot gekauft. Wenn unser Vater das Brot für mehrere Wochen bezahlte, gab es immer eine Tüte voll einfachem Hefegebäck dazu.

Gemüse, Obst und Fisch wurde sowieso auf dem Markt gekauft, der mittwochs und samstags auf dem Kaiser-Friedrich-Platz abgehalten wurde. Geflügel gab es dort auch zu kaufen.

Suppengrün kaufte unsere Mutter bei einem alten Bergmann aus Stiepel, der blaue Narben im Gesicht hatte. Die fertigen Bündchen Suppengrün lagen auf einem Brett auf einer Handkarre.

Fisch wurde am Stück gekauft. Mutter nahm immer das Endstück vom Rotbarsch. Es wurde von der Fischfrau grob geschuppt. Fischfilet, wie man es heute kauft, gab es damals nicht.

Oben und unten auf dem Friedrichsplatz war ein Büdchen (Kiosk).

Die untere Bude wurde von Paula geführt. Wir guckten uns gerne die Klümpchen-Gläser mit den verlockenden Süßigkeiten an. Kirschen am Stiel kosteten 1 Pfennig, ebenso eine kleine Scheppe voll Salmiakpastillen. Man konnte sich damit einen Stern auf die Hand kleben und daran lecken. Ein dicker Dauerlutscher kostete 5 Pfennig. Den gab´s immer, wenn wir zu Fuß nach Eickel gingen. Er hielt von Bochum bis Eickel. Ebenso 5 Pfennig. kostete ein kleines Hörnchen voll Brausepulver. Es war eine Seligkeit.

Fleisch und Wurst wurde bei Cottmann auf der unteren Dorstener Straße, Nähe Bahnhof Präsident, gekauft. Kam mal Besuch und der Aufschnitt sollte etwas schöner sein, kauften wir bei Metzger Meyer auf der Brückstraße.

Weihnachten

Zu Weihnachten war es immer besonders schön. Mutter backte allerhand leckere Plätzchen und für Weihnachten einen „dicken" Kuchen. Das war ein Königskuchen mit vielen Rosinen. Für den Nachmittagskaffee gab es dann meistens noch eine Buttercremetorte.

Die Bescherung war bei uns erst immer am 1. Weihnachtstag. Wir standen ganz früh auf, mussten uns im Schlafzimmer waschen und anziehen und gingen dann durch die dunkle Küche zur Uchte (Frühmesse zu Weihnachten). In der Küche roch es schon so gut nach Tannenbaum und Gebäck, so richtig weihnachtlich.

In der Kirche war es immer sehr festlich und feierlich.

Nach der Christmette war Bescherung. Es war eine riesige Freude. Als ich ein kleines Mädchen war, brachte das Christkind eine Puppenstube. Sie war allerliebst mit winzigen Blumen und Geschirr. Ich habe sehr gerne und viel damit gespielt. Später bekam ich meine Puppe „Jürgen" mit einem roten

Strickanzug. Auch ihn habe ich sehr geliebt und viel mit ihm gespielt.

Ein Jahr später erhielt Jürgen einen blauen Häkelanzug. An einem Weihnachtsfest bekam ich einen Puppenschrank. Man konnte Geschirr hineinstellen oder auch Puppenkleidung hineinlegen. 1938 gab es Rollschuhe, Doppelkugellager, lenkbar! *Ein* Paar für *beide* Kinder! Franz und ich waren glücklich. Wir haben uns beim Rollschuhlaufen immer abgewechselt.

Besuch

Obwohl die Wege damals beschwerlich und Telefone für einfache Leute unerschwinglich waren, besuchte man sich häufig. Wie man sich benachrichtigt hat? Ich weiß es nicht. Tante Finchen stand oft als ‚Überraschungsgast' einfach auf der Matte. Ob Vater, der sehr gerne schrieb, vor unseren Besuchen schnell eine Postkarte schickte?

Wir Kinder gingen mit unserer Mutter gern nach Eickel zu Tante Finchen. Oft liefen wir den ganzen Hinweg zu Fuß. Für den langen Weg durften wir uns bei Paula an der Bude einen Dauerlutscher für 5 Pfennig. kaufen, der reichte bis Eickel.

Unser Vater kam von der Arbeit dann nach. Es war oft sehr lustig.

Abends fuhren wir mit der Straßenbahn zurück, meistens erst ab der Haltestelle ‚Hordeler Straße', das war billiger.

Auf dem Rückweg war ich oft so müde, dass ich manchmal schon im Gehen schlief. Ich habe mir dann immer gewünscht, ich wäre der kleine Häwelmann aus dem Märchen von Theodor Storm, der in seinem mit Rollen versehenen Bettchen durch die Welt fuhr.

Feste

Vater war sehr gesellig. Außerdem liebte er Musik. Sonntags sang er immer Kirchenlieder vor sich hin. Weihnachten und die Advents- und Weihnachtslieder waren ihm eine Freude.

Mutter konnte gut kochen und backen. Zu den Feiertagen – ich erwähnte es schon - gab es meistens eine Buttercremetorte. In der Fastnachtszeit wurden leckere Püfferkes (Berliner Ballen) gebacken, auch oft, wenn Tante Finchen zu Besuch kam.

Bei dieser Gelegenheit ist unser Vater einmal unbemerkt herausgegangen, hat sich verkleidet und dann an die Tür geklopft. Er kam herein, sagte kein Wort, tanzte herum und spielte auf dem Kamm. Den beiden Frauen wurde die Sache unheimlich, da es schon dunkel war. Unsere Mutter ging zum Schrank und wollte etwas Geld holen. Da erkannte sie auf einmal Vaters Schuhe. Das Gelächter war natürlich groß.

Johanna, Franz, Marianne und Anton Hansmann 1938

Spielen auf der Straße

Ich konnte schon etwas Rollschuhlaufen. Von meiner
Freundin Resi Peine hatte ich öfter _einen_ Rollschuh
geliehen bekommen. Da ich meistens eher aus der
Schule kam als Franz, bin ich oft morgens gelaufen.
Wir fuhren immer auf der Fahrendeller Straße,
denn die war asphaltiert. Vikar Remmel, den wir alle
heiß und innig liebten, kam dann Häufig des Wegs
und ging zur Schule zum Religionsunterricht. Auf
ihn sind wir dann immer losgestürzt und haben ihn
mit Handschlag begrüßt und ein Knickschen gemacht
– mit Rollschuh!

Arbeiten im Waisenhaus

Als ich Ostern 1937 in die Schule kam, hat unsere
Mutter sich um eine Arbeitsstelle bemüht. Das Geld
war so knapp, es reichte vorne und hinten nicht.
Durch den alten Kontakt zum Waisenhaus (so hieß
das Kinderheim früher) hat unsere Mutter dann
eine Stelle in der Backstube angenommen. Unsere
Mutter kannte dort noch einige Schwestern, die
früher mal in Dortmund gewesen waren und Alwine,
die uns öfter besuchte, die hart und schwer im
Waisenhaus arbeiten musste. Alwine war für die

Baby-Wäscherei zuständig und wusch tagein, tagaus Windeln und Schlüpferchen, Hemdchen usw.

So kam unsere Mutter zur Küchenschwester Firmina.

Grundsätzlich wurde Dienstag und Freitag gebacken. Oft musste Mutter aber noch zusätzlich helfen, zum Beispiel beim Schlachten.

Montags nachmittags half sie auch mangeln. Dafür durfte sie dann unsere Mangelwäsche mitnehmen. Es war harte Arbeit und Mutter bekam kein Geld dafür, nur Naturalien. Darüber war sie zunächst sehr enttäuscht, später, im Krieg, war es ein Glück. Da sie so tüchtig in der Backstube war, arbeitete unsere Mutter später in der Bäckerei mit einigen Lehrköchinnen ganz allein. Es wurde derbes Sauerteigbrot, Stuten, Kuchen und Zwieback gebacken, in der Weihnachtszeit natürlich auch viele Spekulatius.

Die Arbeit vor dem heißen Ofen war nicht ganz ungefährlich. Einmal hat sich Mutter durch den heißen Dampf sehr verbrannt.

Wir Kinder hatten die Tage, die Mutter im Waisenhaus half, gar nicht gern. Wir mussten in der Waisenhausküche essen, wenn wir aus der Schule kamen. Manchmal schmeckte uns das Essen nicht so gut, aber Mutter hatte uns eingebläut, nicht zu meckern und alles zu essen.

Dann mussten wir das Essen für unseren Vater im Kochgeschirr mit nach Hause nehmen.

Zwischendurch gingen wir in die Backstube und holten schon mal das Brot und den Stuten ab.

Zuhause musste aufgeräumt werden, die Küche ausgefegt und der Ofen angemacht werden.

Abends briet ich Kartoffeln und kochte Kakao.

Mutter kam erst immer spät nach Hause, weil sie nach dem Backen meistens in der Brotstube half. Die Butterbrote für Frühstück und Schule wurden für die Kinder geschmiert. Die einzelnen Abteilungen hatten selbst Marmelade. So bekamen die Kinder auf ihre Margarinestulle noch etwas Süßes. Die Margarine wurde übrigens noch mit etwas Milch verrührt und dadurch verlängert.

Lesen

Meine Mutter hat immer sehr gern gelesen, sie war regelrecht ‚lesesüchtig'. Sie las jeden Fetzen einer Zeitung, selbst die Stücke, die auf dem Markt als Einwickelpapier benutzt worden waren. Eine Tageszeitung konnten sich meine Eltern nicht leisten. meine Mutter war aber Mitglied des

Borromäus-Vereins in der Josef-Pfarrei. Für den Beitrag gab es eine Jahresgabe, die man selbst auswählen konnte. Das Ausleihen eines Buches kostete für Erwachsene 5 Pfennig.

Ferien in Oesdorf

Dadurch, dass Hantünges Familie so klein war, wurde für uns Hantünges ein zweites Zuhause. Unsere Mutter fuhr mit uns kleinen Kindern dorthin in Urlaub und später, wenn die Sommerferien begannen, gab es kein Halten mehr. Die Tage wurden gezählt, die Stationen aufgeschrieben. Wir konnten es nicht erwarten, dass es nach Oesdorf ging. Tante Franziska, Onkel August und Lieschen waren immer sehr, sehr gut und lieb zu uns. Meine Mutter hat zwar dort viel gearbeitet, aber es war eben im Sommer so viel Arbeit da und noch alles so unpraktisch.

In heißen Sommern hatte Oesdorf früher kein Wasser. Das war ganz schrecklich. Mit Kannen fuhren wir dann mit der Handkarre zum Brunnen oder meistens bis zur ‚Hüffe'. Da war eine Pumpe. Für das Vieh holte Onkel August schon mal eine Tonne voll Wasser von Westheim.

Heute kann ich gut verstehen, dass meine Mutter froh war, wenn die Wochen wieder vorbei waren und sie nach Hause fahren konnte. *Urlaub* im heutigen Sinne war das nun wahrlich nicht!

Für uns Kinder war Oesdorf allerdings ein Paradies. Wir konnten rennen und laufen, durften die Kühe holen und mit dem Leiterwagen mit aufs Feld fahren. Wir hatten viele Freunde, Cousinen usw. zum Spielen. Man konnte einfach zu anderen Leuten in der Nachbarschaft gehen.

Im Garten wuchsen Stachelbeeren, Johannisbeeren, Möhren und Erbsen. Tante Franziska ließ uns immer einen Johannisbeerstrauch, damit wir ihn abernten konnten. Das waren alles leckere Sachen für Stadtkinder. Nachher gab es noch Pflaumen und Äpfel und manchmal wurden wir auch krank davon. Tante Franziska hatte dann furchtbare Angst, weil wir immer gleich Fieber hatten und phantasierten. Einmal wollte unser Franz über das Egge-Gebirge fliegen. Er sprang aus dem Bett und brach dann vor dem Fenster zusammen.

Einen Arzt gab es in Oesdorf und in den Nachbardörfern nicht; also musste man sich selbst helfen. Wir haben dabei keinen Schaden genommen.

Weil Franz so oft Mandelentzündung hatte, machte Tante Franziska für ihn immer Brombeersaft.

Am Anfang der Ferien tönten wir immer groß: „Wir bringen jeden Morgen die Kühe weg!" Nach einigen Tagen hatte natürlich der Schlaf bzw. das Bett gesiegt. Abends wurde es oft spät, man war nicht so pingelig mit den ‚Zu-Bett-geh'-Zeiten für Kinder. Allerdings mussten wir am nächsten Morgen den gutmütigen Spott von Tante Franziska ertragen:

‚Auf, sprach der Fuchs zum Hasen,
soll dich der Jäger blasen!'

oder:

‚Langenschlöper, Ouhlenkopp,
steiht ümme niggen Oore up!'

(Langschläfer, Eulenkopf,
steht um 9 Uhr auf!')

Versorgung durch Oesdorf

Alles war bescheiden, aber von Oesdorf gab es doch immer etwas vom Geschlachteten, ebenso Kartoffeln und Obst. Außerdem verbrachten wir den ganzen Sommer in Oesdorf. Im Herbst sorgte Tante Franziska dafür, dass wir Pflaumen und Äpfel bekamen. Sie nähte die großen Stehkörbe mit Säcken zu. Alle Eisenbahner aus Oesdorf, die in Bochum wohnten, organisierten im Herbst einen Waggon und so bekamen die gebürtigen Oesdorfer ihre Kartoffeln und ihr Obst aus Oesdorf. Tante Franziska hat trotz ihrer vielen Arbeit immer gut für uns gesorgt.

Der Krieg

Bochum

Meine ersten beiden Schuljahre verbrachte ich in der katholischen Volksschule ‚Klosterschule'. Doch dann wurden die konfessionellen Schulen aufgelöst, die Kreuze wurden entfernt, die Heiligenfiguren mussten weichen. Ich bekam eine Antoniusfigur (wahrscheinlich weil mein Vater ‚Anton' hieß) und eine große Marienfigur mit nach Hause. Meine

Mutter verzweifelte, weil sie nicht wusste, wohin mit der ganzen Heiligkeit. Wegwerfen ging ja auf gar keinen Fall, aber unsere Wohnung war doch so klein!

Ich blieb in dem Gebäude der Klosterschule, aber die Klassengemeinschaft wurde total zerrissen.
Viele katholische Kinder verschwanden, dafür kamen jetzt evangelische Kinder dazu.
Dann hatten wir auch noch nachmittags Unterricht, damit nicht zu viele Kinder gleichzeitig im Schulgebäude waren, wenn ein Fliegerangriff kam.

Als 1943 die Luftangriffe auf die Städte schlimmer wurden, wurde auch unsere Wohnung getroffen.
Eine Brandbombe schlug in die Blücherstraße 3 ein, der starke Luftdruck der explodierenden Bomben zerstörte die Wohnung.
Sie wurde renoviert, so dass wir dort weiter wohnen konnten.
Doch einen Monat später explodierte bei uns auf dem Flur im abgeteilten Kämmerchen eine Flak - Granate. Wieder war die gerade hergerichtete Wohnung verwüstet.
Ich war völlig geschockt, hatte nur noch Angst und Panik und konnte mich nicht mehr beruhigen.

Oesdorf

Meine Eltern beschlossen, mich erst einmal für ein
paar Wochen nach Oesdorf zu schicken, damit ich
nachts wieder ruhig schlafen könnte.
Tante Franziska hat sofort zugestimmt und so fuhr
ich am 17. März 1943 für ein paar Wochen nach
Oesdorf.

Leben in Oesdorf

Und nun geschah das, was in den Lebensläufen
meiner Generation sicherlich äußerst selten zu
lesen sein wird:
Es begann die schönste Zeit meines Lebens!
Ich war ja so gerne in Oesdorf und bei Tante und
Onkel wie ein Kind des Hauses. Meine Cousine
Lieschen war wie meine große Schwester.
Die gute Tante hat viel für mich getan.
Ausgeschimpft hat sie mich nie.

Hantünges hatten 5 Kühe und einen Ochsen im Stall.
Dazu kam ab und zu ein Kälbchen. Lieschen setzte
sich zum Melken auf einen dreibeinigen Hocker und
melkte noch mit der Hand. Dazu sagte sie ab und zu
den ‚Melkerspruch': ‚Stripp, strapp, strull! Ist der
Ömma no ni vull?' (Eimer)

Im Kuhstall konnte man gut singen. Manchmal gesellte sich Götten Atta (Nichte von Götten Finchen) zu uns und wir sangen dreistimmig den Kühen etwas vor! Sie waren ein geduldiges Publikum. Nur der Applaus war spärlich.

Lieschen und ich hatten eine Kammer für uns mit einem 1 ½ Bett für uns beide! Dieses Bett war aus Bochum, meine Eltern hatten es nach Oesdorf schaffen lassen, falls sie ausgebombt würden. Das Bett hatte Matratzen, zum Glück mussten wir uns nicht mit Strohsäcken abplagen. Die gab es nämlich auch noch!
Manchmal verriegelte Lieschen die Kammer von innen und ich konnte ihr nicht die neuesten Neuigkeiten von meinen Freundinnen erzählen. Ich klopfte, jammerte und bollerte zum Schluss vor die Tür, doch Lieschen kannte kein Erbarmen, ich wusste, sie schrieb einen Brief an ihren Bräutigam Anton, der auf Rhodos stationiert war! Ich hatte gar kein Verständnis dafür, dass sie mal einen Moment alleine sein wollte.

Sie nahm sonst großen Anteil an allen Geschichtchen und Geschichten. Wenn es nur ein Geschichtchen war, kommentierte sie es mit einem

mitfühlenden: ‚Jeeee!' War die Geschichte schon etwas gehaltvoller, war ein: ‚Jeeeßus!' angebracht. Bei der nächsten Steigerungsstufe musste die Gottesmutter mithelfen: ‚Jeeeßus und Mariiiia!' Die höchste Stufe war erreicht, wenn die ganze Heilige Familie zum Einsatz kam: ‚Jeßus, Mariiiia und Joßeeef!'
Zu derben Flüchen und Geschimpfe ließ sich Lieschen nie hinreißen.

Lieschen liebte ‚Hümmerten'. Diese verflixten Himbeeren waren auch der einzige Grund, dass es zwischen uns einmal ein bisschen Ärger gegeben hat. Sie hatte von Bekannten aus dem Dorf eine gute Himbeerenstelle beschrieben bekommen, also: Auf in den Wald! Und zwar im Sturmschritt! Die Himbeeren hätten ja in der Zwischenzeit verdorren können. Ich trödelte hinterher. Mit dem Pflücken beeilte ich mich auch nicht so, wie Lieschen es im Angesicht der Köstlichkeiten erwartet hatte. Sie erzählte Tante Franziska von meinem Desinteresse. Noch heute finde ich Himbeeren nicht wert, darum irgendeinen Aufwand zu betreiben.

Onkel August war auch immer herzensgut. Allerdings musste er von Tante Franziska Anweisungen erhalten, was als nächstes zu tun sei. Aber ausgerechnet er hatte am Ende des Krieges einen englischen Spruch aufgeschnappt: ‚Tihme is moneie.' (Time is money – Zeit ist Geld!.)
Er half auch einem armen amerikanischen Soldat weiter, der in höchster Not auf die Deele gestürzt kam und immer wieder: 'Kaakhous!' rief. Geistesgegenwärtig schickte Onkel August den unter Hochdruck stehenden Soldaten in den Stall auf das Plumpsklo. Ich frage mich noch heute, wie die Geschichte wohl aus der Sicht des amerikanischen Soldaten ausgesehen hat.

Aus den Wochen wurden dreieinhalb Jahre, aber das wusste damals noch keiner.

Versorgung in Oesdorf

In Oesdorf gab es tatsächlich kleine Geschäfte. Das Geschäft im Unterdorf hieß ‚Siggens' und lag schräg gegenüber von Hantünges Hof. Dieser kleine Laden hatte auch eine Backstube. Hier konnten die Kunden ihr eigenes Mehl und später das fertige Brot abholen.

Das machten wir aber nicht. Wir brachten unser Brot zu *Weggelappens*. Dafür musste zuerst der Sauerteig abgeholt werden. Abends setzte Lieschen dann den Teig an, der in der Nacht neben dem Herd, der immer an war, ,gehen' musste. Am nächsten Morgen wurde er ausgeknetet und die geformten Brote auf einer Handkarre nach Weggelappens gebracht. Im alten Backofen war schon frühmorgens ein Feuer entfacht worden. Das verbrannte Holz wurde jetzt mit einem Schieber aus dem Ofenloch geholt und das Brot kam in den heißen Schlund. Später holte ich dann das fertige Brot ab.

Schulzeit in Oesdorf

Am 19. März 1943 ging ich zum ersten Mal in die Oesdorfer Dorfschule, die Lehrer Aufenanger leitete.
Die Kinder der Klassen 1, 2, 3, und 4 hatten bei einer Lehrerin Unterricht, die uns Mädchen der ,Oberstufe' (Klassen 5, 6, 7 und 8) in ,Handarbeit' unterrichtete. Wir konnten nachher sogar an Nähmaschinen nähen!
Die Jungen hatten in der Zeit ,Raumlehre', das war offenbar nicht so wichtig für Mädchen.

Für die Soldaten mussten ja alle sorgen, so auch wir Schüler. Unter der Anleitung des Lehrers sammelten wir Brennnessel- und Brombeerblätter, Kamille und Pfefferminze. Alles wurde auf dem Dachboden getrocknet. Damit die Blätter nicht schimmelten, mussten sie öfter gewendet werden. Dann schickte Lehrer Aufenanger 2 gute Schüler auf den Dachboden. Immer war ich mit von der Partie.

Ob jemand das Zeug getrunken hat?

Jeden Montagnachmittag kam der Pastor in die Schule, um das Fach ‚Religion' zu unterrichten. Während der Schulzeit war es in der Nazizeit ja nicht erlaubt. Wir bekamen von Montag zu Montag auf, Bibeltexte auswendig zu lernen. Zum Glück ging der Pastor immer durch den Mittelgang und las die Texte mit. Wenn man so einigermaßen Bescheid wusste, ging's!

Auswirkungen der Nazizeit und des Krieges in Oesdorf

Die Anstalt in Marsberg war nicht nur Arbeitgeber in diesem ländlichen Gebiet, sondern es gab

natürlich auch Menschen, die in dem Heim lebten.
Geführt wurde das Heim von Vinzentinerinnen.
Was sie ahnten? Was sie wussten, was mit ihren
Schutzbefohlenen geschah?
Auf jeden Fall warnten sie heimlich besonders
vertrauenswürdige Familien aus Oesdorf, sie sollten
ihre behinderten Kinder nach Hause holen. Mehr
habe ich nicht erfahren, ich war ja noch ein Kind
und auch in einem so heimeligen Dorf wie Oesdorf
waren die Erwachsenen vorsichtig. Selbst hier
herrschte Angst!

In den letzten Jahren des Krieges half auf dem
Hof von Onkel Josef ein russischer
Kriegsgefangener, er hieß Pawel. Wir nannten ihn
einfach Paul. Er saß mit am großen Esstisch bei der
ganzen Familie.
Nachts schliefen die Russen in einem Lager bei
Kümes.
Die Russen haben öfter Sonntagnachmittags oder –
abends ganz herrlich mehrstimmig gesungen. Wir
Kinder haben uns dann draußen vors Lager gestellt
und zugehört.
Ein deutscher Wachmann, ein älterer Soldat,
leitete es. Der Wachmann brachte die Gefangenen

nach Meerhof und holte sie wieder ab. Die, die in Oesdorf arbeiteten, durften frei durchs Dorf gehen.

Der Wachmann wurde bei den Leuten verköstigt, bei denen ein Russe arbeitete. Das ging reihum. Zwischen Meilwes und dem Wachmann Oschmannn aus Dortmund hatte sich eine richtige Freundschaft entwickelt. Frau Oschmann war auch mehrmals bei Meilwes und hat dort genäht und geflickt. Die Freundschaft bestand noch nach dem Krieg.

Paul hätte gerne eine deutsche Frau geheiratet und wäre in Deutschland geblieben.

Nach dem Zusammenbruch, als die Russen und sonstige Fremdarbeiter alle von den Amerikanern abgeholt wurden, kam Paul noch mehrere Male zu Besuch. Er brachte seine amerikanischen Kekse und Schokolade für die Kinder mit und bekam dafür von Tante Maria etwas Herzhaftes (Wurst usw.).

1943 wurde Onkel Franz ,Luchte' noch Soldat und kam nach Russland. Am 20. Juli 1944 geriet er in Gefangenschaft. Da er schon älter war, wurde er 1945 entlassen und traf am 4. September 1945 in Oesdorf ein. Er kam zuerst zu uns, nach Hantünges zu seiner Schwester, weil es ja am Wege lag. Nach all den schrecklichen Erlebnissen war er so glücklich, zu Hause zu sein. Er sagte, Oesdorf wäre das schönste Dorf auf der ganzen Welt.

Kriegszeiten in Bochum

Im Krieg brauchte Vater kein Soldat werden. Mutter hat bis Mai 1943 im Waisenhaus gearbeitet, dann wurde das Heim ausgebombt. Dabei kamen über 70 Kinder und Erwachsene um. Die Überlebenden wurden evakuiert. Etliche der Toten kannten wir gut.
Meine Eltern haben die ganzen schweren Jahre in Bochum ausgeharrt und sind in Stollen und Bunker gelaufen.
Mutter hat sich dann sehr bemüht, dass Franz 1942 bis 1944 zur Handelsschule kam. Franz war ein Jahr mit der Handelsschule in Schneidemühl/Pommern evakuiert. Er kam 1944 zurück und geriet dadurch nicht in die Flüchtlingswirren. Mutter hat nachher sehr darum gekämpft, dass Franz 1944 beim Benzolverband eine Lehrstelle bekam. (Der Benzolverband wurde später Ruhrstickstoff.) Er arbeitete dort, bis er Rentner wurde.

Nachkriegszeit

1945 sind meine Eltern zur Lessingstraße in eine schöne Wohnung gezogen.

Meine Mutter hat sich dann nach der Wiedereröffnung der Handelsschule im Sommer 1946 bemüht, dass ich dort einen Platz bekam. Sie hat mich dann gegen meinen Willen und gegen den Widerstand der Verwandten nach Hause geholt. Ich war ja noch dumm und unerfahren und wäre lieber in Oesdorf geblieben. Beim Abschied habe ich geweint wie ein Schlosshund. Meine Mutter hatte – im Gegensatz zu der liebenswerten Verwandtschaft – den Wert einer guten Schulbildung erkannt. Sie wollte ihren Kindern die Chancen geben, die sie selbst und ihr Mann nie bekommen haben. Heute bin ich meiner Mutter dankbar, dass sie sich durchgesetzt hat. Ich habe die Handelsschule erfolgreich abgeschlossen, eine Stelle bei der Stadtverwaltung und dazu meinen Ehemann bekommen.

Für Mutter war es schwer, in der entsetzlichen Hungerszeit für uns alle vier Essen zu besorgen. Sie ist morgens in aller Herrgottsfrühe losgegangen und hat Schlange gestanden, um Brot, Gemüse oder etwas anderes Essbares zu ergattern.

Es gab ja grundsätzlich nichts, auch keine Hefe, Essig, Senf oder dergleichen.

Von 100g Gehacktem zauberte meine Mutter eine ganz leckere Sonntagssoße. Wir wurden alle einigermaßen satt. Von Oesdorf hatten wir mal Weizenschrot, das wurde mit Wasser und Süßstoff gekocht und schmeckte herrlich. Den Süßstoff bekam Franz bei der Firma.

Als die Abteilung, in der Franz nach dem Krieg in Herne-Sodingen ausgelagert war, kam er nur über das Wochenende nach Hause. Er durfte dann zu Hause von Mutters magerer Portion Brot mitessen, so konnte er ein ganzes Brot mit nach Sodingen mitnehmen.

Als nach dem Krieg die Eisenbahnen wieder notdürftig verkehrten, fuhr Mutter hin und wieder nach Oesdorf. Sie musste dort wieder tüchtig mithelfen. Bei der Abreise gab es dann natürlich von Vaters Geschwistern etwas Essbares.

Nach dem Krieg bekamen wir von Tante Finchen und Onkel Fritz Kohlen.

Vater, Franz und ich - manchmal ging auch unsere
Mutter mit - zogen mit der Handkarre von der
Lessingstraße nach Eickel, Marienstraße. Das Haus
an der Königsstraße war zerstört.
Es wurde etwas erzählt, die Karre vollgeladen, und
dann ging´s wieder nach Hause.
Leicht war es nicht, aber wir brauchten nicht zu
frieren. Zu Hause wurde die Karre ausgeladen und
danach der Flur gewischt.

Im Juni 1948 kam dann endlich die
Währungsreform und es wurde so nach und nach
besser, es gab schon mal etwas zu kaufen.
Vater und Mutter konnten sich allmählich wieder
Bohnenkaffee leisten, den sie leidenschaftlich
gerne tranken.
Leider hat Mutter nicht viel davon gehabt. Im
Februar 1951 bekam sie einen Schlaganfall und lag
12 Wochen im Krankenhaus. Sie war erst 48 Jahre
alt! Ab jetzt musste sie am Stock gehen,
die Lähmungen waren nicht ganz zurückgegangen.

Nach der Krankheit hat sie dann einen
Rentenantrag gestellt und zu Weihnachten
überraschte sie uns dann mit der
Rentennachzahlung. Wir bekamen jeder 100,00 DM

und fühlten uns wie Könige. Auch Adolf, mein Bräutigam, bekam 50,00 DM.
Meine Mutter war immer sehr bescheiden und hat ihre Krankheit geduldig ertragen.

1955, als wir nach Weitmar in unser Haus zogen, bekamen meine Eltern unsere Wohnung an der Gneisenaustrasse, später Westring. Die ersten Jahre kam die Oma noch fast jede Woche zu uns. Sie freute sich an Carola und Dolf und half mir meistens bei der Wäsche.

Dann bekam sie noch mal einen Schlaganfall und lag wieder im Krankenhaus. Von da an fiel es ihr schwer, mit der Straßenbahn zu fahren. Wir sind dann oft zu Oma und Opa gefahren.

Mit den Jahren hat sich der Gesundheitszustand immer mehr verschlimmert. Mutter saß im Rollstuhl, Vater hat sie gepflegt. 1965 konnte er nicht mehr und Mutter ist ins Anna - Stift nach Altenbochum gekommen.
Vater war durch das Alleinsein inzwischen verwirrt. So kam er 1968 auch ins Heim.

Im März 1969 ist unser Vater gestorben.

Bei seiner Beerdigung hat der Oesdorfer Gesangverein „Arion" gesungen. Es hätte ihn sehr gefreut.

Mutter starb am 27.11.1969. Sie war immer sehr geduldig und zufrieden. Sie hätte ganz bestimmt ein schöneres Alter verdient.

Nachbetrachtung

Einige der beschriebenen Verwandten haben wir noch persönlich kennengelernt.

Wir erinnern uns gerne und gut an Tante Lieschen und Onkel Anton. Ihre Güte und Gastfreundschaft umfasste - ohne mit der Wimper zu zucken - auch unsere Freunde aus Bochum, die wir mit nach Oesdorf geschleppt haben; Tante Lieschens Torten sind legendär.

Großtante Franziska und Großonkel August sind ebenfalls vor unserem geistigen Auge noch gegenwärtig. Tante Franziska als alte, zusammengefallene, und abgearbeitete Frau in stets schwarzer Kleidung, Onkel August als Altbauer mit einem Reiserbesen in der Hand vor der Haustür. (Der Reiserbesen war von Tante Franziska gebunden!)

Auch an Oma und Opa Hansmann erinnern wir uns noch gut. Die Wohnung am Westring 61 (heute leider ein etwas heruntergekommenes Haus) ist noch präsent und bei einer Fahrt über den Westring schickt jeder den beiden einen Gedanken nach. Opa hatte immer eine kleine Tafel Schokolade

für uns Kinder und – sehr zum Ärger unserer Eltern
– Coca Cola!!!! Für jeden eine kleine Flasche!!!
Opas Hobby war es, Pakete nach Oesdorf zu
schicken, voll mit Süßigkeiten und Geschenken.
Seine Liebe zu Oesdorf brach nie ab.

Oma versuchte ebenfalls, uns mit ihren damals
schon eingeschränkten Möglichkeiten zu verwöhnen.
Dolf war Omas ‚Sonniboy' (Sunnyboy).

Unsere Familie freute sich immer, wenn ein
„Wurstpaket" aus Oesdorf eintraf. Oesdorfer
Bratwurst – eine leckere Wurstspezialität in der
Geschmacksrichtung einer echten ungarischen
Salami – Leber- und Blutwurst aus dem Glas....nichts
im Vergleich der heutigen „Einheitswurst", dazu ein
Stück Schinken! Kein Serrano-Schinken erreicht
diese Qualität! Im Paket lag immer ein langer Brief
von Tante Lieschen, der jedes Mal so begann:
‚Heute Abend will ich mich ein Weilchen mit euch
unterhalten....'

Vom tragischen Ende der Großeltern sind natürlich
auch Bilder in unseren Köpfen: Oma im Annastift in
Altenbochum, gefesselt an einen Rollstuhl im ersten
Stock des Hauses, dazu verurteilt, nie mehr nach

draußen zu können. Auch Opas letzte Lebensjahre im Altersheim waren sehr unschön.

Von den Geschwistern unserer Oma haben wir noch persönlich erlebt:
(Groß) Onkel Franz Dirks mit Klärchen sowie ihre lebenslustigen Schwester „Tante" Paula – eine Seele von Mensch;
(Groß) Tante Mia mit Willi Ludwig aus Wanne-Eickel und natürlich
(Groß) Tante Luise mit ihrem Lebensgefährten Nick Burian.
Tante Luise haben wir erst spät (Mitte der achtziger Jahre) kennen- und schätzen gelernt. Sie schlug aus der Familienart: Die Prägung des Kinderheims hatten bei ihr deutliche Spuren für ihr weiteres Leben hinterlassen. Sie verstand es, sich durchzusetzen und war mit allen Wassern gewaschen. Dagegen waren alle anderen immer sehr zahm und ließen sich schnell unterbuttern. Die typische katholische Landgrundmischung fehlte bei Tante Luise völlig.

Die Vertellekes von Bochum und Oesdorf, von Opas und Omas Verwandtschaft, die Geschichten von nicht gewährten Ausbildungschancen und Schicksalsschlägen, aber auch von glücklichen Zeiten, die Bonmots von Dorfkindern und schlitzohrigen Bauern begleiteten unsere Kindheit.

»Wir sind nichts und werden nichts durch uns selbst, wir stehen alle auf den Schultern unserer Ahnen«. Erich Schneid

Dolf, Kathrin und Carola Mehring

Klosterschule heute (dort ist keine Schule mehr)

Blücherstraße 3　　　　2012

Jetzt gibt es eine Haustür, die verschließbar ist,
dazu eine Klingel für alle Bewohner des Hauses.

Erinnerungen

Inhalt

Bereits als Buch bei Books-on-Demand erschienen:

• **Uropas Sicht der Dinge** Die 1000-jährige Geschichte der Stiepeler Dorfkirche und Bochums aus der Sicht eines alten Stiepelers
• **Mick Maus baut ein Haus**
• **Wer fürchtet sich vorm Topfgespenst?** Ein uralter Tontopf – gefunden auf dem Gelände hinter der Stiepeler Dorfkirche – gibt Rätsel auf
• **Clara juckelt durch Europa** Das Nashorn des berühmten Gemäldes von J.B.Oudry will noch einmal die Stationen seines Lebens sehen
• **Schüleraustausch** Bereit für eine Reise durch die Zeit?
• **Ein Mops lief in die Kirche** Eine etwas andere Kirchenführung durch die Stiepeler Dorfkirche
• **Der deutsche Parnass Teil I** *Die Künstler* Wandbild des Sitzungssaals des Bochumer Rathauses
• **„O nee, nä!", sagte Anton, der Maulwurf** Eine ungewöhnliche Führung über den alten Stiepeler Friedhof
• **Wolli Wollkäfer und seine Bande**
• **Wer zu spät kommt, den bestraft das Leben!** Spielplan mit den Straßen von Bochum zur Biedermeierzeit
• **Die wirklich und wahrhaftige Geschichte, wie die Kirche von Eppendorf zu 4 Kanonenkugeln kam**
• **Zurück in Bochum** Erzählung vom Stadtpark-Frosch
• **Mick Maus als i-Mäuschen**
• **Fritzis Bochum** 6 Erzählungen aus der Biedermeierzeit   6 Bastelmodelle
• **Stippvisiten bei Fritzi** 3 Reisen in die Biedermeierzeit ------Reiseziel: Bochum!
• **Mathilde, die mathematisch begabte Schnecke**
• **Lebensbilder   Adolf Mehring (1922 – 2009)**

Alle Bücher sind im Buchhandel erhältlich.